colegio - paaralan	2
viaje - paglalakbay	5
transporte - transportasyon	8
ciudad - lungsod	10
paisaje - tanawin	14
restaurante - restawran	17
supermercado - supermarket	20
bebidas - inumin	22
comida - pagkain	23
granja - bukid	27
casa - bahay	31
living - salas	33
cocina - kusina	35
baño - palikuran	38
cuarto de los chicos - silid ng bata	42
ropa - pananamit	44
oficina - opisina	49
economía - ekonomiya	51
ocupaciones - mga trabaho	53
herramientas - mga kagamitan	56
instrumentos musicales - mga pangmusikang instrumento	57
zoológico - zoo	59
deportes - isports	62
actividades - mga aktibidad	63
familia - pamilya	67
cuerpo - katawan	68
hospital - ospital	72
emergencia - emerhensiya	76
Tierra - mundo	77
reloj - orasan	79
semana - linggo	80
año - taon	81
formas - mga hugis	83
colores - mga kulay	84
opuestos - magkasalungat	85
números - mga numero	88
idiomas - mga wika	90
quién / qué / cómo - sino / ano / paano	91
dónde - saan	92

AF285145

Impressum
Verlag: BABADADA GmbH, Nedderfeld 112 , 22529 Hamburg
Geschäftsführer / Verlagsleitung: Harald Hof
Druck: Books on Demand GmbH, In de Tarpen 42, 22848 Norderstedt

Imprint
Publisher: BABADADA GmbH, Nedderfeld 112 , 22529 Hamburg, Germany
Managing Director / Publishing direction: Harald Hof
Print: Books on Demand GmbH, In de Tarpen 42, 22848 Norderstedt

colegio
paaralan

dividir
bawasin

186/2

pizarrón
pisara

aula
silid-aralan

patio de escuela
bakuran ng paaralan

maestro
guro

papel
papel

escribir
sumulat

birome
pen

escritorio
mesa

regla
ruler

libro
aklat

alumno
mag-aaral

mochila
satchel

caja de lápices
lalagyan ng lapis

lápiz
lapis

sacapuntas
pantasa

goma (de borrar)
goma

bloc de dibujo
drowing pad

dibujo

drowing

pincel

pinsel na pampinta

caja de pinturas

kahon ng pinta

tijera

gunting

pegamento

pandikit

cuaderno de ejercicios

aklat para sa pagsasanay

tarea

takdang-aralin

número

numero

2+2

sumar

dagdagan

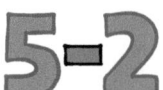

restar

bawasin

multiplicar

paramihin

calcular

kalkulahin

letra

liham

abecedario

alpabeto

palabra

salita

texto
teksto

leer
basahin

tiza
yeso

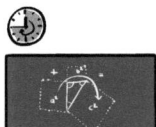

lección
leksyon

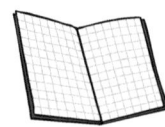

cuaderno de clase
rehistro

examen
eksaminasyon

certificado
sertipiko

uniforme escolar
uniporme sa paaralan

educación
edukasyon

enciclopedia
encyclopedia

universidad
unibersidad

microscopio
mikroskopyo

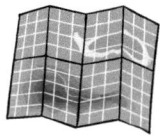

mapa
mapa

tacho (de basura)
basurahan ng papel

viaje
paglalakbay

hotel
hotel
Grand
hostel
hostel
ROOMS
EXCHANGE
casa de cambio
tanggapan ng palitan ng pera
valija
maleta
auto
kotse

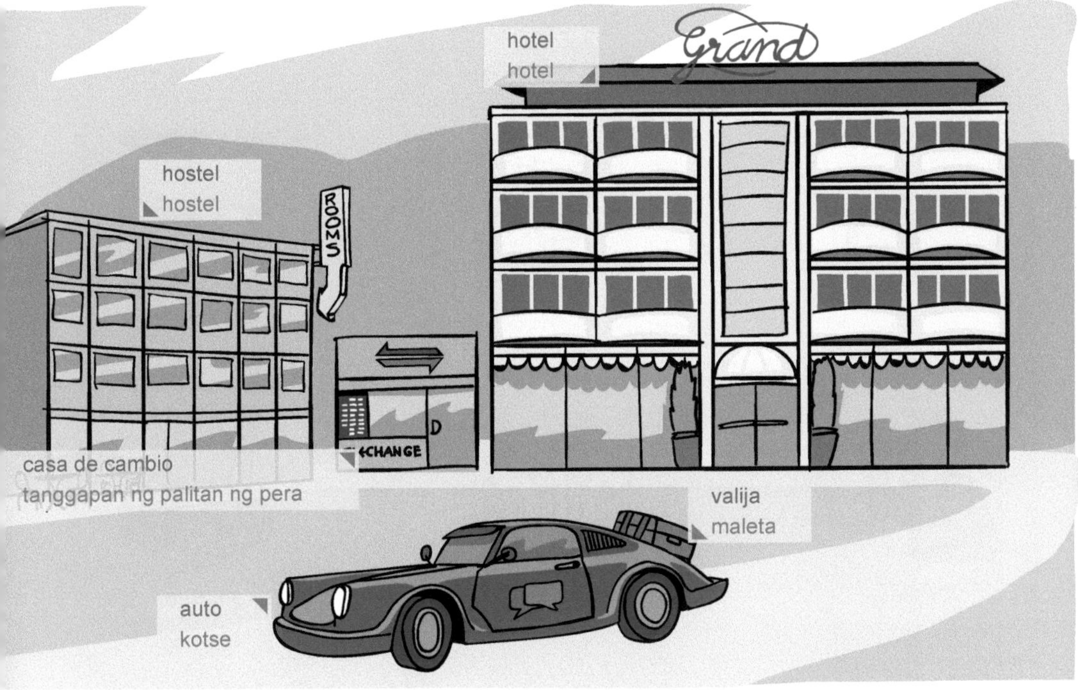

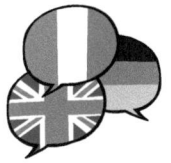

idioma

wika

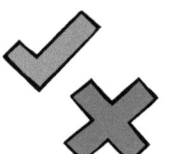

sí / no

oo / hindi

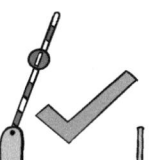

Está bien

Okey

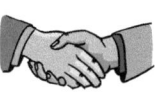

hola

kumusta

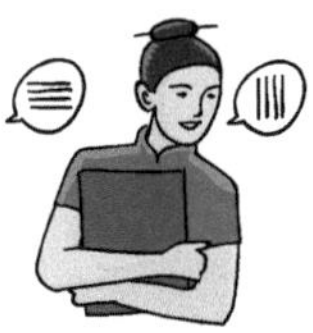

traductor

tagapagsalin

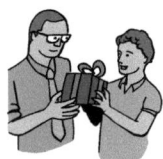

Gracias

Salamat

¿cuánto cuesta…?

magkano ang…?

No entiendo

Hindi ko maintindihan

problema

problema

¡Buenas tardes!

Magandang gabi!

¡Buenos días!

Magandang umaga!

¡Buenas noches!

Magandang gabi!

adiós

paalam

dirección

direksyon

equipaje

bahage

bolso

bag

mochila

napsak

invitado

panauhin

habitación

silid

bolsa de dormir

sakong tulugan

carpa

tolda

información turística

impormasyon ng turista

playa

dalampasigan

tarjeta de crédito

credit card

desayuno

almusal

almuerzo

tanghalian

cena

hapunan

pasaje

tiket

ascensor

elebeytor

sello

selyo

frontera

hangganan

aduana

adwana

embajada

embahada

visa

visa

pasaporte

pasaporte

transporte
transportasyon

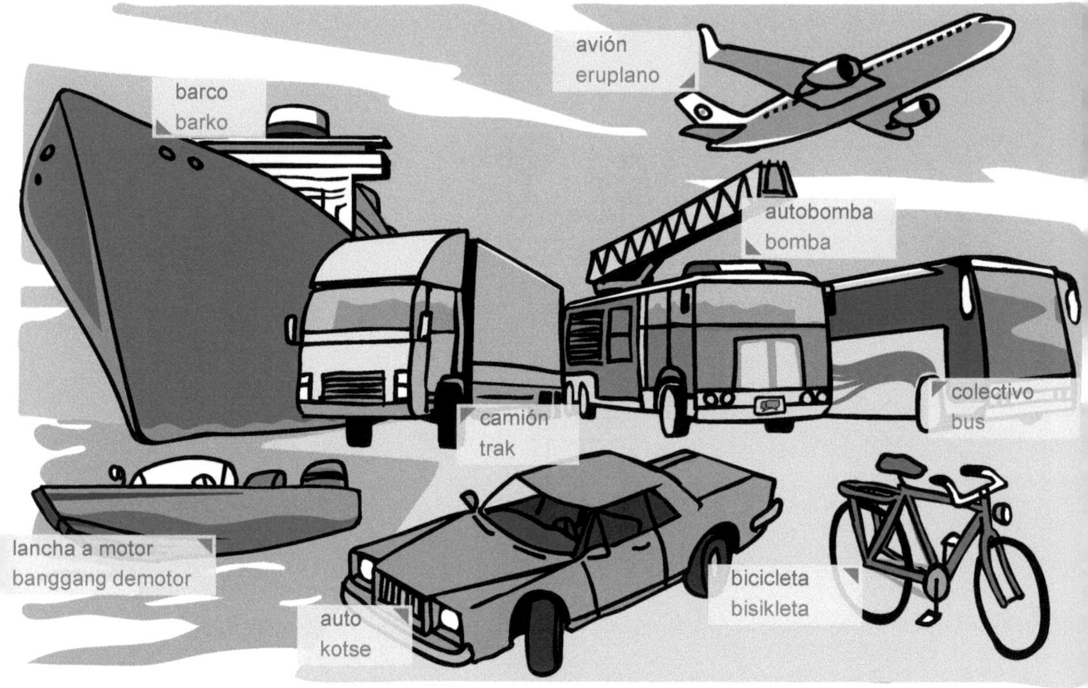
avión
eruplano
barco
barko
autobomba
bomba
colectivo
bus
camión
trak
lancha a motor
banggang demotor
bicicleta
bisikleta
auto
kotse

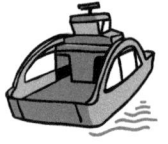

ferry

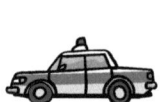

lantsang pantawid

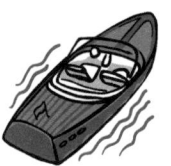

bote

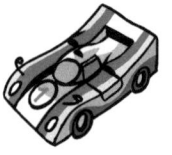

bangka

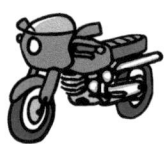

moto

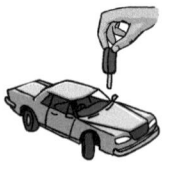

motorsiklo

patrullero

sasakyan ng pulis

auto de carreras

kotseng pangkarera

auto de alquiler

nirerentahang kotse

alquiler de autos

car sharing

grúa

trak na panghila

camión de basura

trak na pantapon ng basura

motor

motor

nafta

panggatong

estación de servicio

gasolinahan

señal de tránsito

karatula ng trapiko

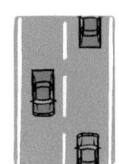

tránsito

trapiko

embotellamiento

masikip na trapiko

estacionamiento

paradahan ng kotse

estación de tren

estasyon ng tren

vías

riles

tren

tren

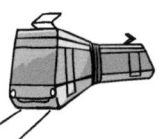

tranvía

trambya

vagón

wagon

helicóptero

helikopter

aeropuerto

paliparan

torre

tore

pasajero

pasahero

contenedor

sisidlan

caja de cartón

karton

carretilla

kariton

canasta

basket

despegar / aterrizar

umalis / lumapag

ciudad

lungsod

pueblo

nayon

centro de ciudad

sentro ng lungsod

casa

bahay

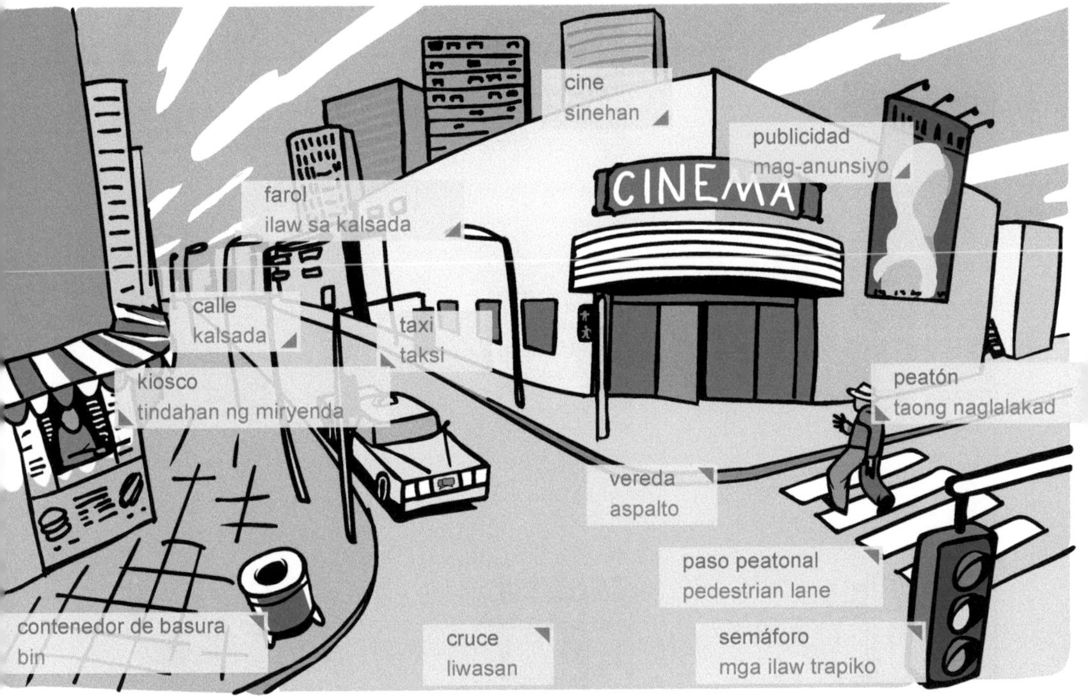

cine
sinehan

publicidad
mag-anunsiyo

farol
ilaw sa kalsada

CINEMA

calle
kalsada

taxi
taksi

kiosco
tindahan ng miryenda

peatón
taong naglalakad

vereda
aspalto

paso peatonal
pedestrian lane

contenedor de basura
bin

cruce
liwasan

semáforo
mga ilaw trapiko

cabaña
kubo

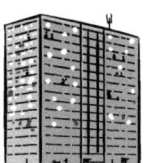

departamento
patag

estación de tren
estasyon ng tren

municipalidad
munisipyo

museo
museo

colegio
paaralan

universidad

unibersidad

banco

bangko

hospital

ospital

hotel

hotel

farmacia

parmasya

oficina

opisina

librería

tindahan ng aklat

negocio

tindahan

florería

tindahan ng bulaklak

supermercado

supermarket

mercado

palengke

grandes tiendas

department store

pescadería

tindahan ng isda

centro comercial

sentrong pamilihan

puerto

daungan

parque

parke

banco

bangko

puente

tulay

escaleras

hagdan

subte

underground

túnel

tunel

parada del colectivo

hintuan ng bus

bar

bar

restaurante

restawran

buzón

kahon ng koreo

letrero

karatula sa kalsada

parquímetro

metro ng paradahan

zoológico

zoo

pileta

swimming pool

mezquita

moske

granja

bukid

contaminación

polusyon

cementerio

libingan

iglesia

simbahan

juegos infantiles

palaruan

templo

templo

paisaje

tanawin

hoja
dahon

poste indicador
posteng pananda

camino
daan

pradera
parang

piedra
bato

excursionista
hiker

árbol
kahoy

río
ilog

hierba
damo

flor
bulaklak

valle

lambak

montaña

burol

lago

look

bosque

kagubatan

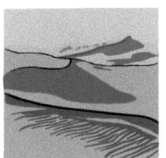

desierto

disyerto

volcán

bulkan

castillo

kastilyo

arco iris

bahaghari

champiñón

kabute

palmera

palmera

mosquito

lamok

mosca

langaw

hormiga

langgam

abeja

bubuyog

araña

gagamba

escarabajo

salagubang

rana

palaka

ardilla

ardilya

erizo

parkupino

liebre

liyebre

lechuza

kuwago

pájaro

ibon

cisne

sisne

jabalí

bulugan

ciervo

usa

alce

moose

presa

dam

aerogenerador

turbina ng hangin

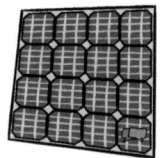

panel solar

solar panel

clima

klima

mozo
waiter

menú
putahe

silla
silya

sopa
sopas

pizza
pizza

cubiertos
kubyertos

mantel
mantel

entrada

panimula

plato principal

pangunahing pagkain

postre

panghimagas

bebidas

inumin

comida

pagkain

botella

bote

comida rápida

fastfood

comida callejera

pagkaing kalye

tetera

tsarera

azucarera

panutsa

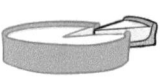

porción

bahagi

cafetera expreso

espresso machine

sillita alta

mataas na upuan

cuenta

bayarin

bandeja

bandehado

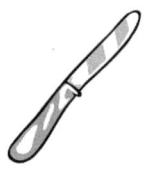

cuchillo

kutsilyo

tenedor

tinidor

cuchara

kutsara

cucharita

kutsarita

servilleta

serviette

vaso

baso

plato

pinggan

plato hondo

platong pansopas

plato

platito

salsa

sawsawan

salero

pangkalog ng asin

molinillo de pimienta

panggiling ng paminta

vinagre

suka

aceite

langis

especias

pampalasa

kétchup

ketsup

mostaza

mustasa

mayonesa

mayonnaise

supermercado
supermarket

oferta especial
espesyal na alok
FOR
cliente
kustomer
lácteos
produktong mantikilya
fruta
prutas
changuito
troli

BUTCHERS

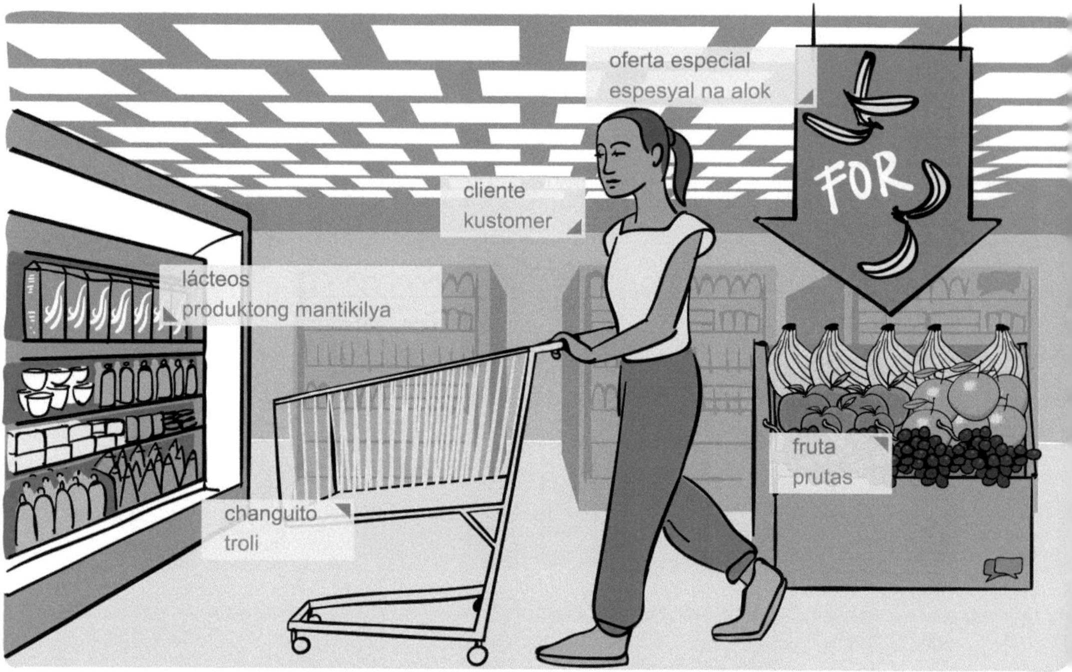

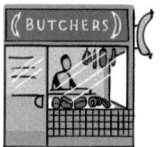

carnicería

butser

BAKERY

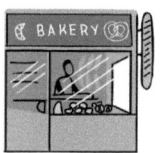

panadería

panaderya

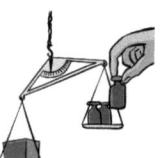

pesar

timbang

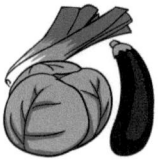

verduras

mga gulay

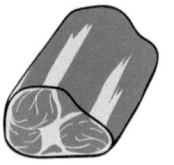

carne

karne

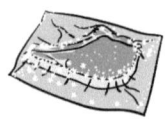

alimentos congelados

pinalamig na pagkain

fiambres
malamig na karne

alimentos enlatados
delatang pagkain

detergente en polvo
pulbos na panlaba

golosinas
matatamis

electrodomésticos
mga produktong pambahay

productos de limpieza
mga produktong panlinis

vendedora
tindera

caja
cash register

cajero
kahera

lista de compras
listahan ng pinamili

horario de atención
oras ng pagbubukas

billetera
pitaka

tarjeta de crédito
credit card

cartera
bag

bolsa de plástico
plastik bag

agua

tubig

jugo

juice

leche

gatas

bebida cola

coke

vino

alak

cerveza

serbesa

alcohol

alak

cacao

kakaw

té

tsaa

café

kape

café expreso

espresso

cappuccino

cappuccino

banana

saging

manzana

mansanas

naranja

kahel

melón

melon

limón

limon

zanahoria

carrot

ajo

bawang

bambú

kawayan

cebolla

sibuyas

champiñón

kabute

nueces

mani

fideos

noodles

tallarines

spaghetti

arroz

bigas

ensalada

ensalada

papas fritas

chips

papas fritas

pritong patatas

pizza

pizza

hamburguesa

hamburger

sándwich

sandwich

churrasco

piraso ng karneng walang buto

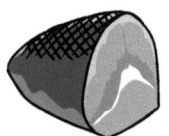

jamón

hamon

salame

salami

salchicha

tsoriso

pollo

manok

asado

inihaw

pescado

isda

copos de avena

mga porridge oat

muesli

mucsli

copos de maíz

cornflakes

harina

harina

medialuna

croissant

pancito

rolyong tinapay

pan

tinapay

tostada

tostado

galletitas

biskuwit

manteca

mantikilya

cuajada

keso

torta

keyk

huevo

itlog

huevo frito

pritong itlog

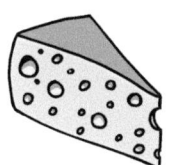

queso

keso

helado
sorbetes

azúcar
asukal

miel
pulot

mermelada
jam

pasta de chocolate
tsokolateng pinapahid

curry
curry

granja
bukid

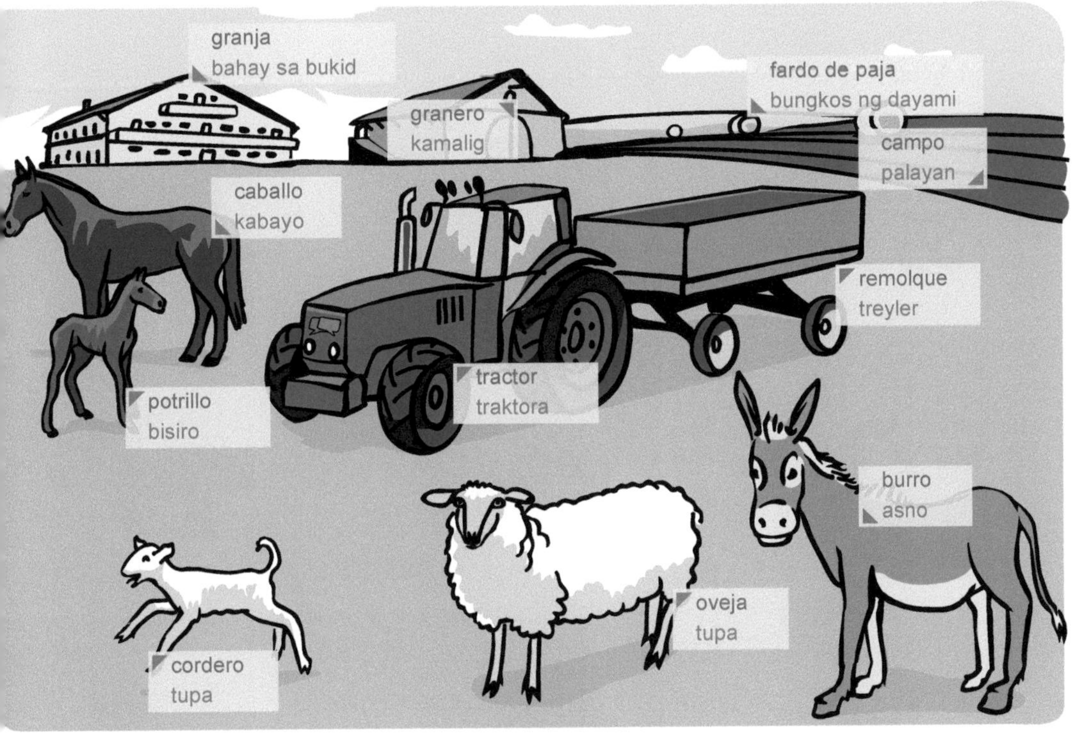
granja
bahay sa bukid
granero
kamalig
fardo de paja
bungkos ng dayami
campo
palayan
caballo
kabayo
remolque
treyler
potrillo
bisiro
tractor
traktora
burro
asno
oveja
tupa
cordero
tupa

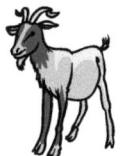

cabra

kambing

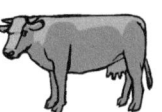

vaca

baka

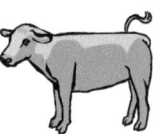

ternero

guya

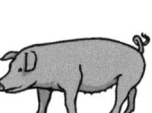

cerdo

baboy

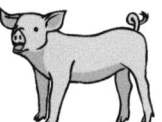

lechón

biik

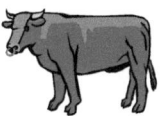

toro

toro

ganso
gansa

pato
pato

pollo
sisiw

gallina
inahin

gallo
katyaw

rata
daga

gato
pusa

ratón
daga

buey
kapong baka

perro
aso

cucha
bahay ng aso

manguera
hose sa hardin

regadera
latang pandilig

guadaña
haras

arado
araro

hoz

karit

azada

asarol

horquilla

tuhugin

hacha

palakol

carretilla

karitela

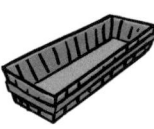

abrevadero

sabsaban

lechera

lata ng gatas

bolsa

sako

reja

bakod

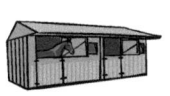

establo

kuwadra

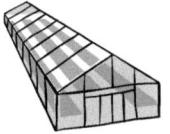

invernadero

punlaan

suelo

lupa

semilla

buto

fertilizador

pataba

cosechadora

combine harvester

cosechar

mag-ani

cosecha

ani

batatas

yams

trigo

trigo

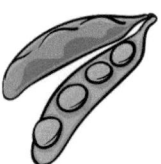

soja

soya

papa

patatas

maíz

mais

semilla de colza

rapeseed

árbol frutal

kahoy na namumunga

mandioca

kamoteng kahoy

cereales

siryal

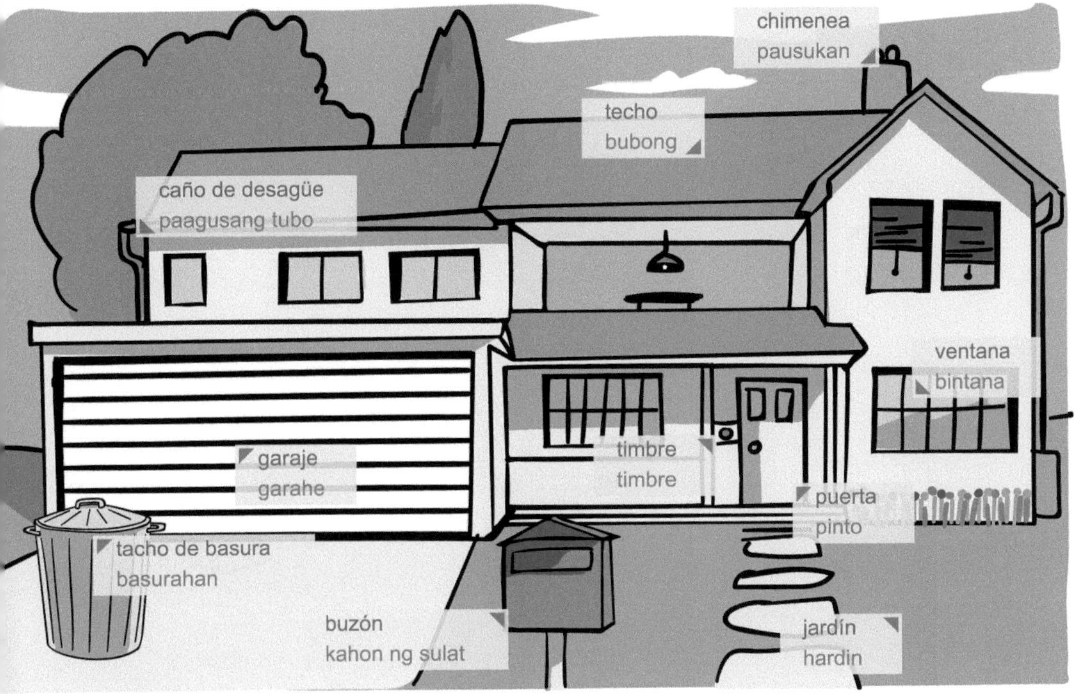

chimenea
pausukan

techo
bubong

caño de desagüe
paagusang tubo

ventana
bintana

garaje
garahe

timbre
timbre

puerta
pinto

tacho de basura
basurahan

buzón
kahon ng sulat

jardín
hardin

living

salas

baño

palikuran

cocina

kusina

dormitorio

silid-tulugan

cuarto de los chicos

silid ng bata

comedor

hapag-kainan

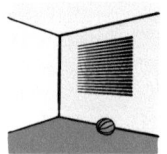

piso

sahig

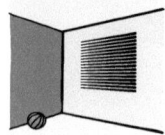

pared

pader

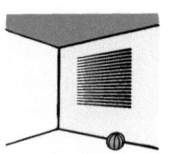

cielorraso

kisame

sótano

bodega ng alak

sauna

sauna

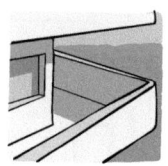

balcón

balkonahe

terraza

terasa

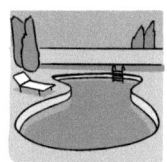

pileta

pool

cortadora de pasto

pamputol ng damo

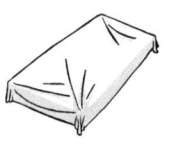

sábana

piraso ng papel

acolchado

kobrekama

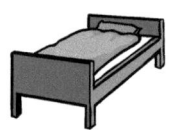

cama

higaan

escoba

walis

balde

timba

interruptor

pindutan

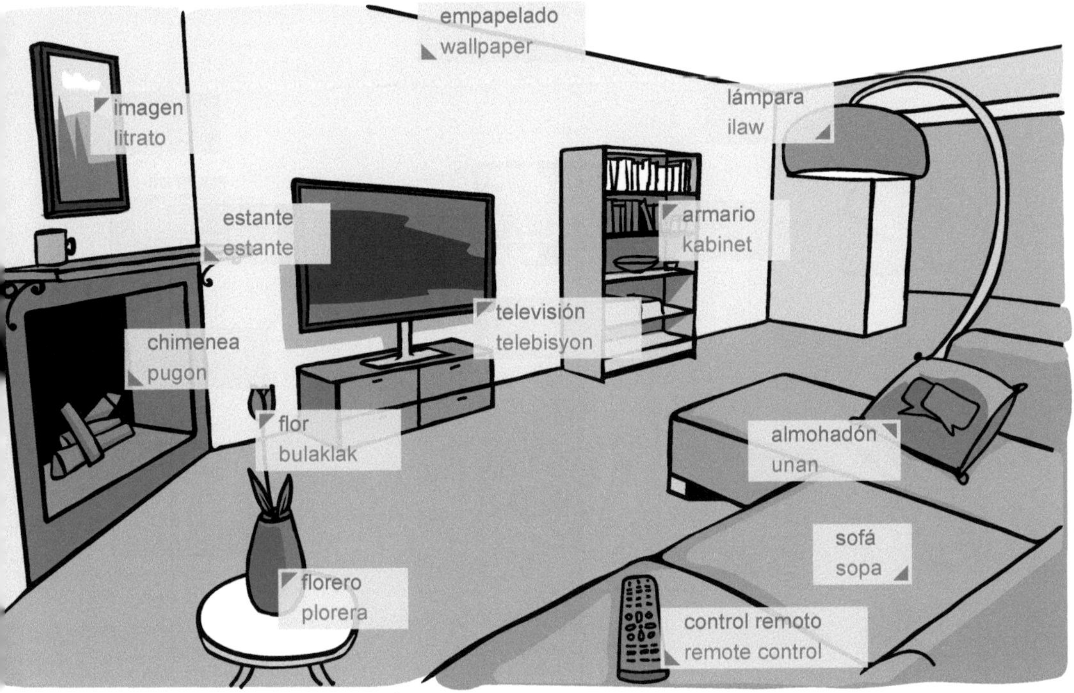

empapelado
wallpaper

imagen
litrato

lámpara
ilaw

estante
estante

armario
kabinet

televisión
telebisyon

chimenea
pugon

flor
bulaklak

almohadón
unan

sofá
sopa

florero
plorera

control remoto
remote control

alfombra
karpet

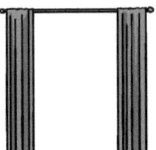

cortina
kurtina

mesa
mesa

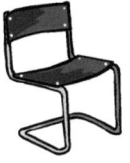

silla
silya

mecedora
tumba-tumba

sillón
sandalan

libro

aklat

frazada

kumot

decoración

dekorasyon

leña

kahoy na panggatong

película

pelikula

equipo de música

hi-fi

llave

susi

diario

dyaryo

pintura

pinta

póster

poster

radio

radyo

cuaderno

kuwaderno

aspiradora

vacuum cleaner

cactus

kaktus

vela

kandila

cocina
kusina

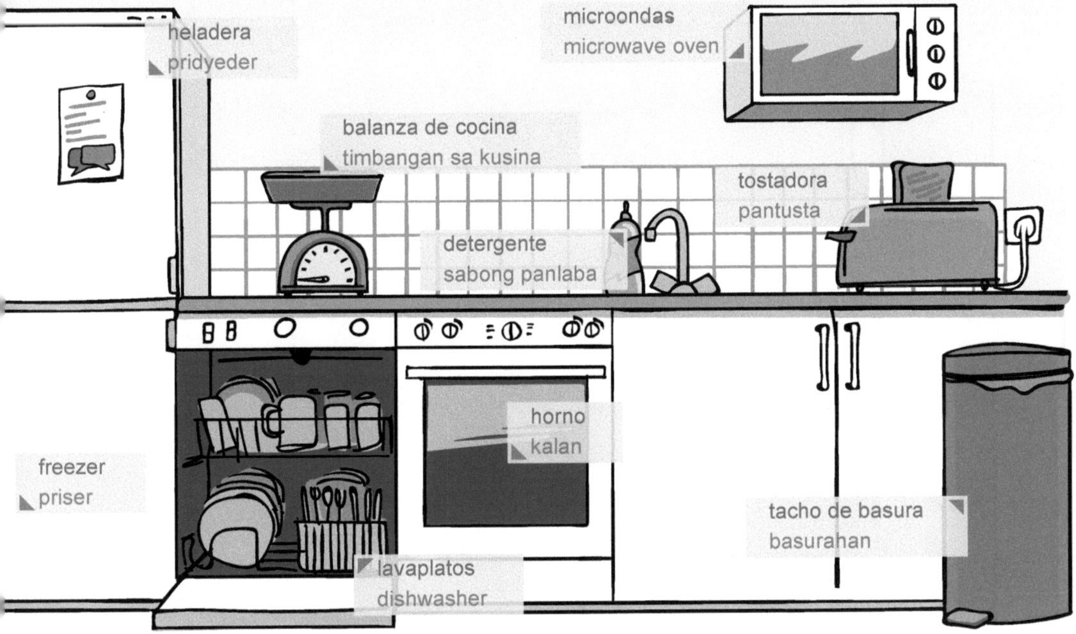
heladera
pridyeder
microondas
microwave oven
balanza de cocina
timbangan sa kusina
tostadora
pantusta
detergente
sabong panlaba
horno
kalan
freezer
priser
tacho de basura
basurahan
lavaplatos
dishwasher

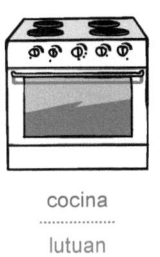

cocina
lutuan

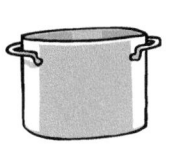

olla
kaldero

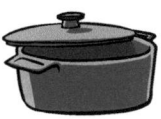

olla de hierro fundido
kalderong bakal

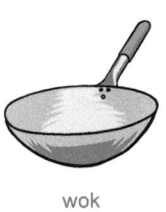

wok
wok / kadai

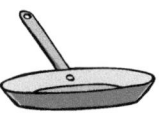

sartén
kawali

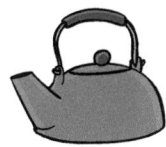

pava
takore

vaporera

pasingawan

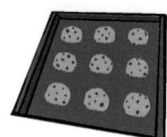

bandeja de horno

bandehado sa paghuhurno

vajilla

babasagin

taza

mug

bol

mangkok

palitos

sipit ng intsik

cucharón

sandok

estpátula

spatula

batidora

pampalis

colador

pansala

colador

salaan

rallador

pangkayod

mortero

almires

parrilla

barbikyo

fogata

siga

tabla de picar

tadtaran

palo de amasar

rodilyo

sacacorchos

tribuson

lata

lata

abrelatas

pambukas ng lata

manopla

panghawak ng kaldero

pileta

lababo

cepillo

bras

esponja

espongha

batidora

blender

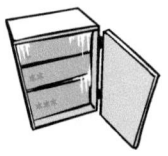

congelador

malalim na freezer

mamadera

bote ng sanggol

canilla

gripo

baño
palikuran

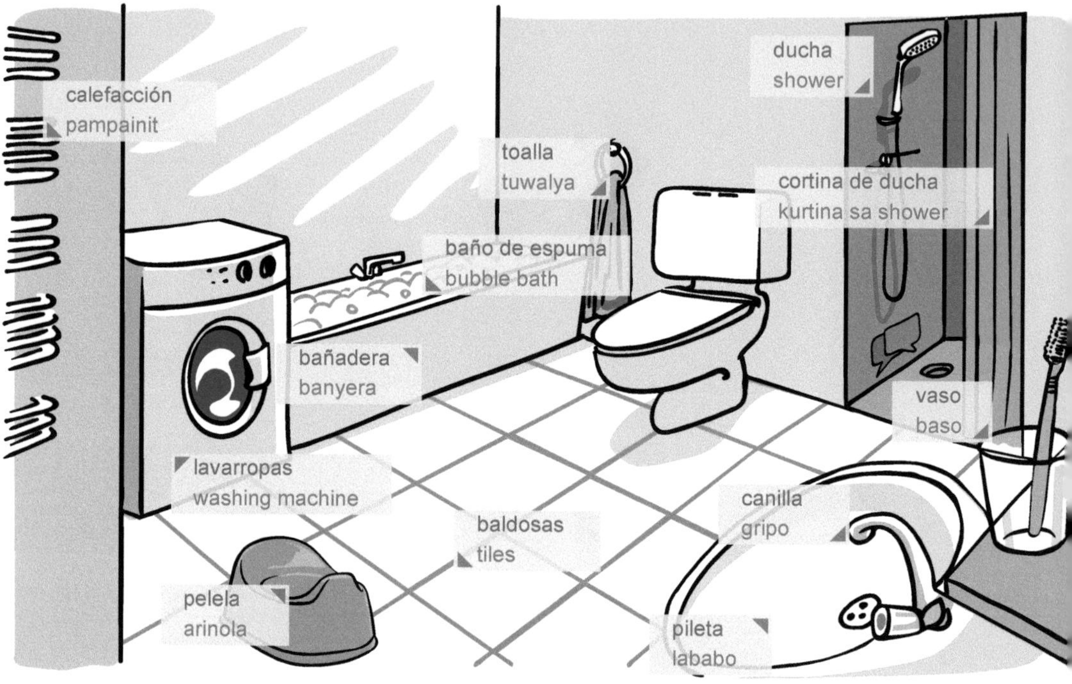

calefacción
pampainit
ducha
shower
toalla
tuwalya
cortina de ducha
kurtina sa shower
baño de espuma
bubble bath
bañadera
banyera
vaso
baso
lavarropas
washing machine
canilla
gripo
baldosas
tiles
pelela
arinola
pileta
lababo

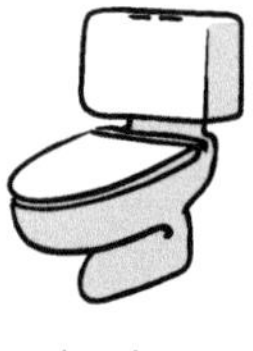
inodoro
banyo

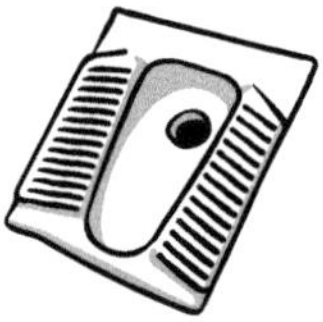
letrina
squat toilet

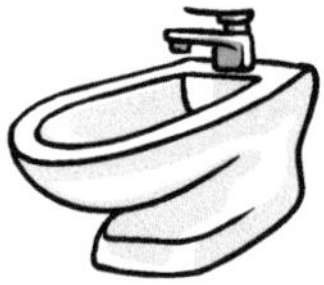
bidé
bidet

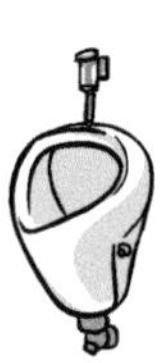
mingitorio
ihian

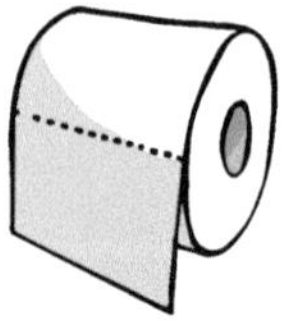
papel higiénico
toilet paper

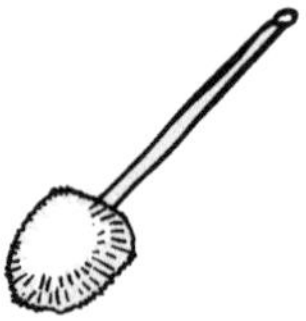
cepillo para el inodoro
iskoba sa banyo

cepillo de dientes

sipilyo

dentífrico

tutpeyst

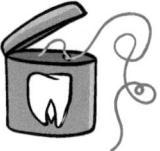

hilo dental

dental floss

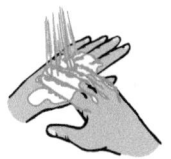

lavar

hugasan

ducha de mano

shower na hinahawakan

ducha higiénica

dutsa

palangana

palanggana

cepillo para espalda

bras panlikod

jabón

sabon

gel de ducha

shower gel

shampoo

shampoo

toallita

pranela

desagüe

paagusan

crema

krema

desodorante

deodorant

baño - palikuran

espejo

salamin

espejito

salaming hinahawakan

maquinita de afeitar

pang-ahit

espuma de afeitar

bulang pang-ahit

aftershave

aftershave

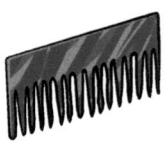

peine

suklay

cepillo

brush

secador de pelo

pantuyo ng buhok

spray

sprey sa buhok

maquillaje

makeup

lápiz de labios

lipistik

esmalte para uñas

pampakintab ng kuko

algodón

bulak na lana

tijera para uñas

panggupit ng kuko

perfume

pabango

portacosméticos

washbag

banqueta

stool

balanza

timbangan

bata

bata

guantes de goma

gomang guwantes

tampón

tampon

toallita femenina

malinis na tuwalya

baño químico

chemical toilet

cuarto de los chicos
silid ng bata

despertador
alarm clock
peluche
nayayakap na laruan
coche de juguete
laruang kotse
sonajero
kuliling
casa de muñecas
bahay ng manika
regalo
regalo

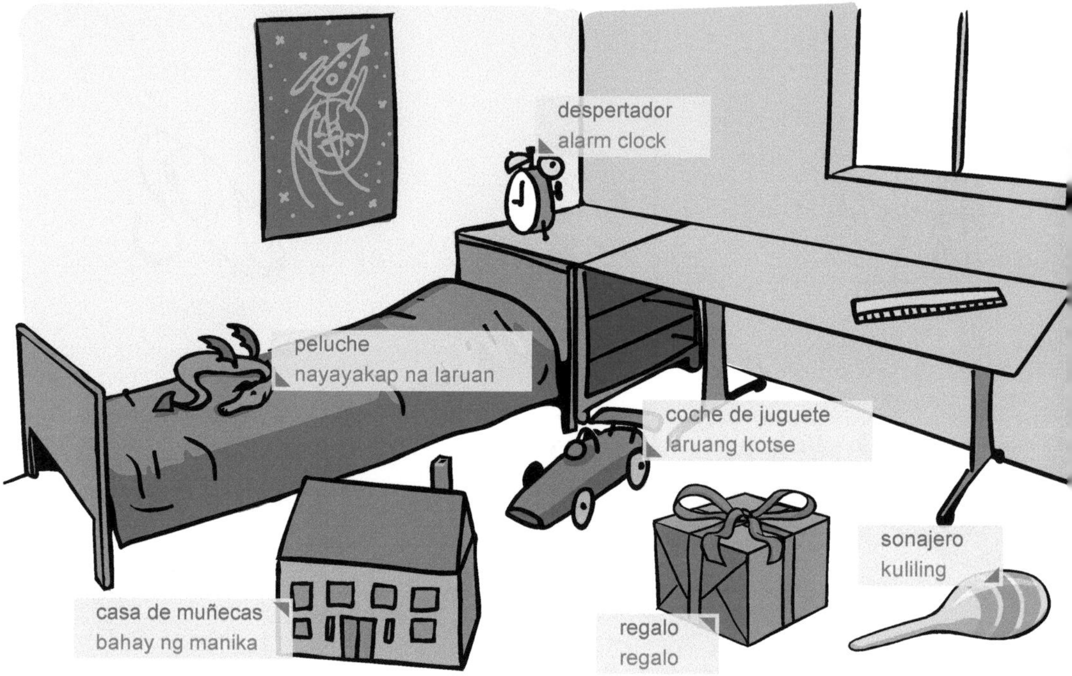

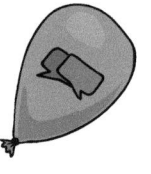

globo

lobo

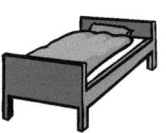

cama

higaan

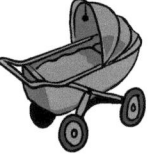

cochecito

pram

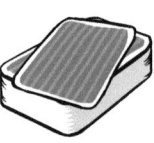

cartas

hanay ng mga baraha

rompecabezas

jigsaw

SUPER MEGA

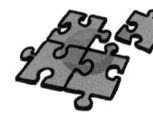

historieta

komiks

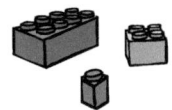

piezas de lego

lego bricks

ladrillos de juguete

blokeng laruan

figura de acción

action figure

enterito (de bebé)

paglaki ng sanggol

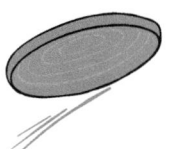

frisbee

frisbee

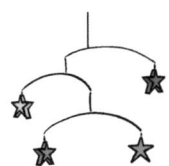

móvil para bebés

mobile

juego de mesa

board game

dados

dice

tren eléctrico

model train set

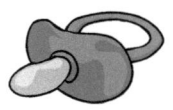

chupete

manikin

fiesta

salu-salo

libro de cuentos ilustrado

aklat ng mga litrato

pelota

bola

muñeca

manika

jugar

maglaro

arenero

tibagan ng buhangin

hamaca

duyan

juguetes

mga laruan

consola de videojuegos

video game console

triciclo

traysikel

osito de peluche

teddy bear

armario

aparador

ropa

pananamit

medias

medyas

medias panty

stockings

calzas

pampitis

bufanda
bandana

cinturón
sinturon

paraguas
payong

remera
t-shirt

zapatillas
sneakers

botas
bota

pantuflas
tsinelas

sandalias
sandalyas

zapatos
sapatos

botas de goma
botang degoma

ropa interior
salawal

corpiño
bra

chaleco
tsaleko

ropa - pananamit

body

katawan

pantalones

pantalon

jeans

jeans

pollera

palda

blusa

blusa

camisa

kamiseta

pulóver

pullover

buzo

panlamig

blazer

blazer

campera

diyaket

tapado

kapa

piloto

kapote

traje

kasuotan

vestido

bistida

vestido de novia

damit pangkasal

traje

terno

camisón

damit pantulog

pijama

padyama

sari

sari

pañuelo para cabeza

bandana sa ulo

turbante

turban

burka

burka

caftán

kaftan

abaya

abaya

traje de baño

panlangoy

short de baño

trunks

shorts

salawal

jogging

tracksuit

delantal

apron

guantes

guwantes

botón

butones

anteojos

salamin

pulsera

pulseras

collar

kuwintas

anillo

singsing

aro

hikaw

gorra

takip

percha

sabitan ng kapa

sombrero

sombrero

corbata

kurbata

cierre

siper

casco

helmet

tiradores

tirante

uniforme escolar

uniporme sa paaralan

uniforme

uniporme

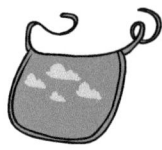

babero
bibero

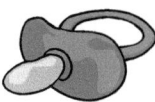

chupete
manikin

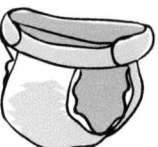

pañal
lampin

oficina
opisina

servidor
server
archivero
kabinet ng file
impresora
printer
papel
papel
monitor
monitor
mouse
mouse
escritorio
mesa
carpeta
polder
teclado
keyboard
silla
upuan
tacho (de basura)
basurahan ng papel
computadora
kompyuter

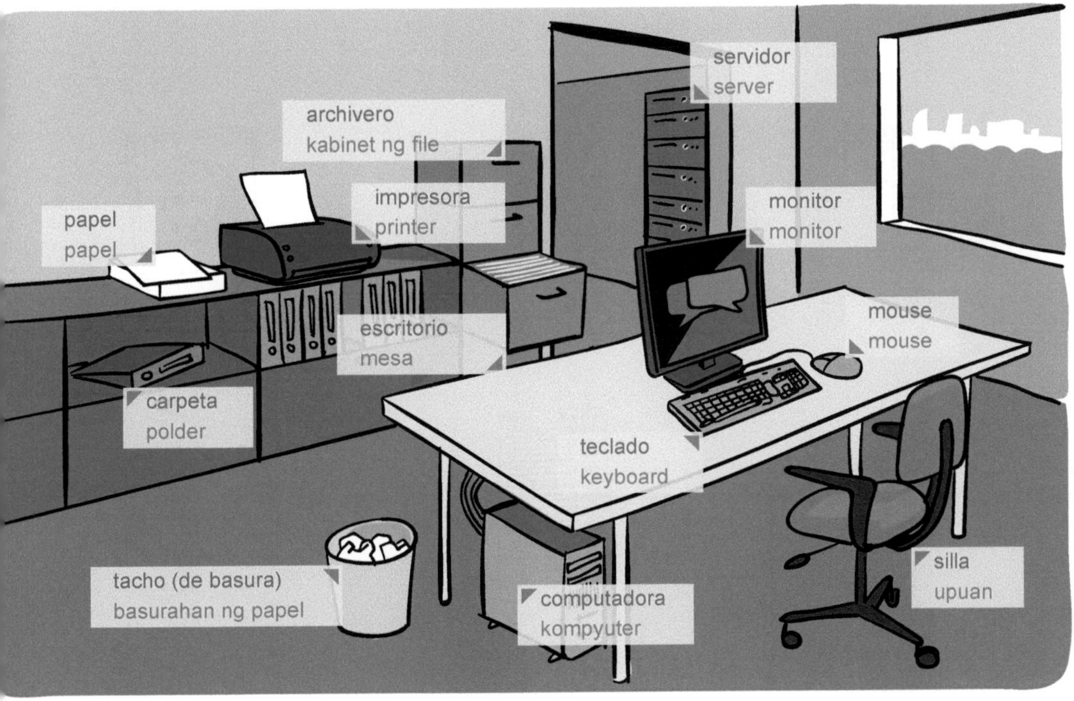

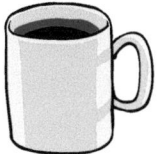

taza de café
tasa ng kape

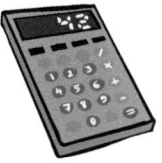

calculadora
calculator

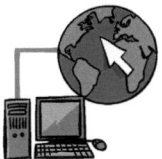

internet
internet

laptop
laptop

carta
sulat

mensaje
mensahe

celular
mobile

red
network

fotocopiadora
photocopier

software
software

teléfono
telepono

tomacorriente
saksakan

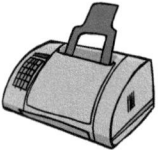

fax
fax machine

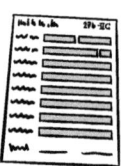

formulario
anyo

documento
dokumento

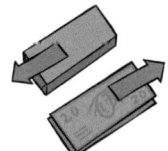

comprar

bumili

pagar

magbayad

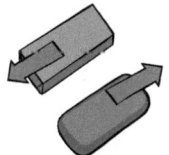

hacer negocios

ikalakal

dinero

pera

dólar

dolyar

euro

euro

yen

yen

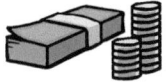

rublo

rublo

franco suizo

swiss franc

yuan

renminbi yuan

rupia

rupee

cajero automático

cash point

casa de cambio

tanggapan ng palitan ng pera

oro

ginto

plata

tanso

petróleo

langis

energía

enerhiya

precio

presyo

contrato

kontrata

impuesto

buwis

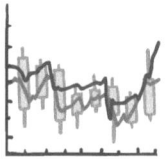

acción

stock

trabajar

trabaho

empleado

empleyado

empleador

taga-empleyo

fábrica

pabrika

negocio

tindahan

ocupaciones
mga trabaho

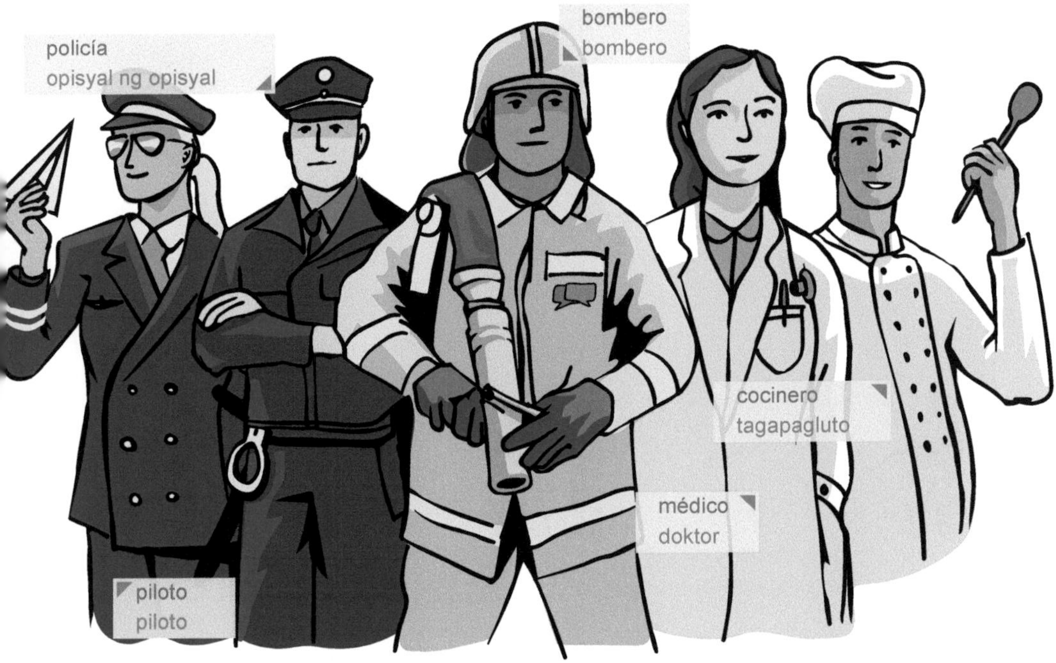
policía
opisyal ng opisyal
bombero
bombero
cocinero
tagapagluto
médico
doktor
piloto
piloto

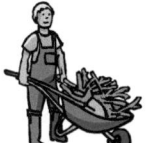

jardinero

hardinero

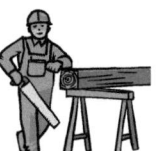

carpintero

karpentero

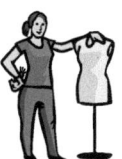

modista

mananahi

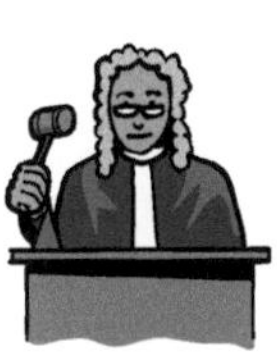

juez

hukom

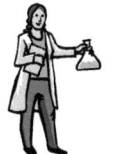

farmacéutico

kemiko

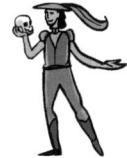

actor

aktor

colectivero

tsuper ng bus

taxista

tsuper ng taxi

pescador

mangingisda

mucama

tagapaglinis

techista

tagapagkabit ng bubong

mozo

waiter

cazador

mangangaso

pintor

pintor

panadero

panadero

electricista

elektrisyan

albañil

tagapagtayo

ingeniero

inhinyero

carnicero

magkakarne

plomero

tubero

cartero

kartero

soldado

sundalo

arquitecto

arkitekto

cajero

kahera

florista

magtitinda ng bulaklak

peluquero

manggugupit

cobrador

konduktor

mecánico

mekaniko

capitán

kapitan

dentista

dentista

científico

siyentipiko

rabino

rabbi

imán

imam

monje

monghe

sacerdote

klero

herramientas
mga kagamitan

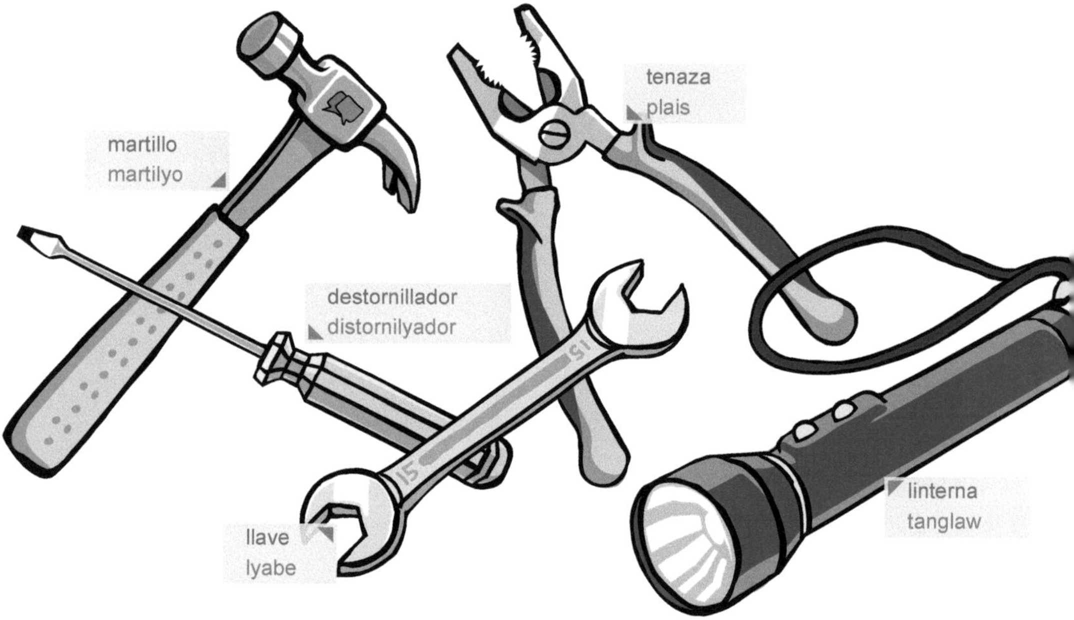
martillo
martilyo
tenaza
plais
destornillador
distornilyador
llave
lyabe
linterna
tanglaw

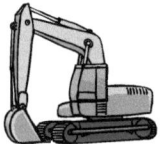

excavadora

panghukay

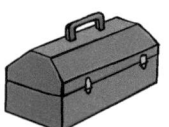

caja de herramientas

toolbox

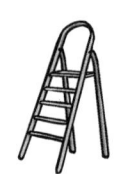

escalera portátil

hagdan

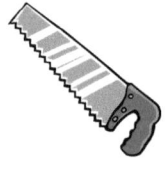

sierra

lagari

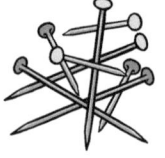

clavos

mga pako

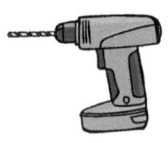

taladro

pambutas

arreglar

kumpunihin

pala de jardín

pala

¡Qué bronca!

Kainis!

pala de plástico

pandakot

tacho de pintura

palayok ng pintura

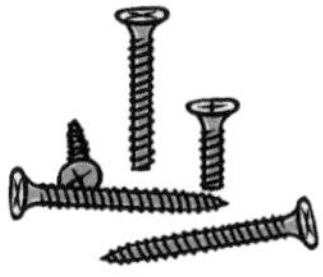

tornillos

mga tornilyo

instrumentos musicales

mga pangmusikang instrumento

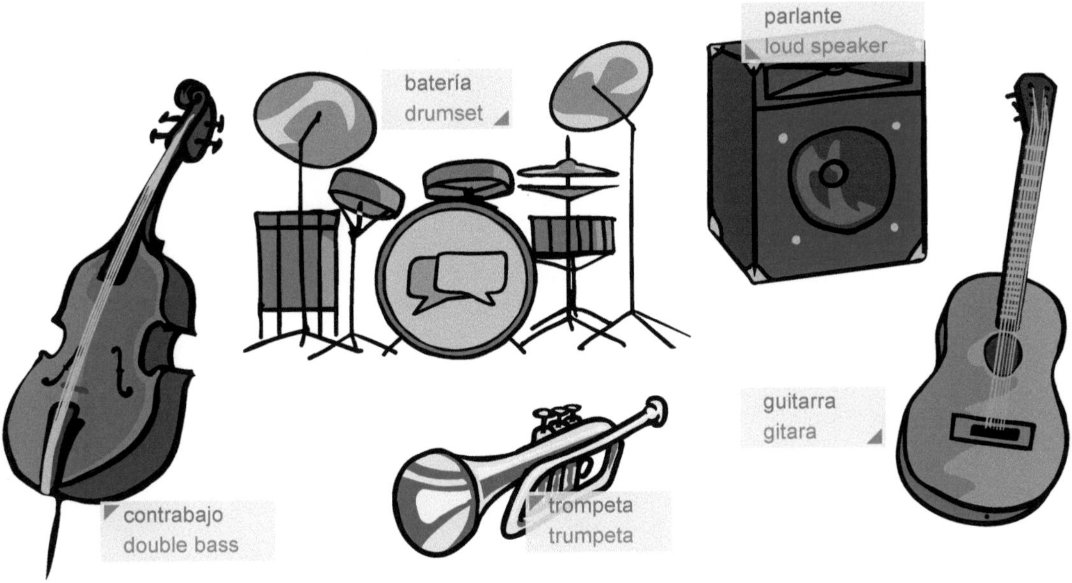

batería
drumset

parlante
loud speaker

guitarra
gitara

contrabajo
double bass

trompeta
trumpeta

piano

piyano

violín

biyolin

bajo

bass

timbales

timpani

tambor

mga drum

teclado

keyboard

saxofón

saksopon

flauta

plauta

micrófono

mikropono

instrumentos musicales - mga pangmusikang instrumento

zoológico

zoo

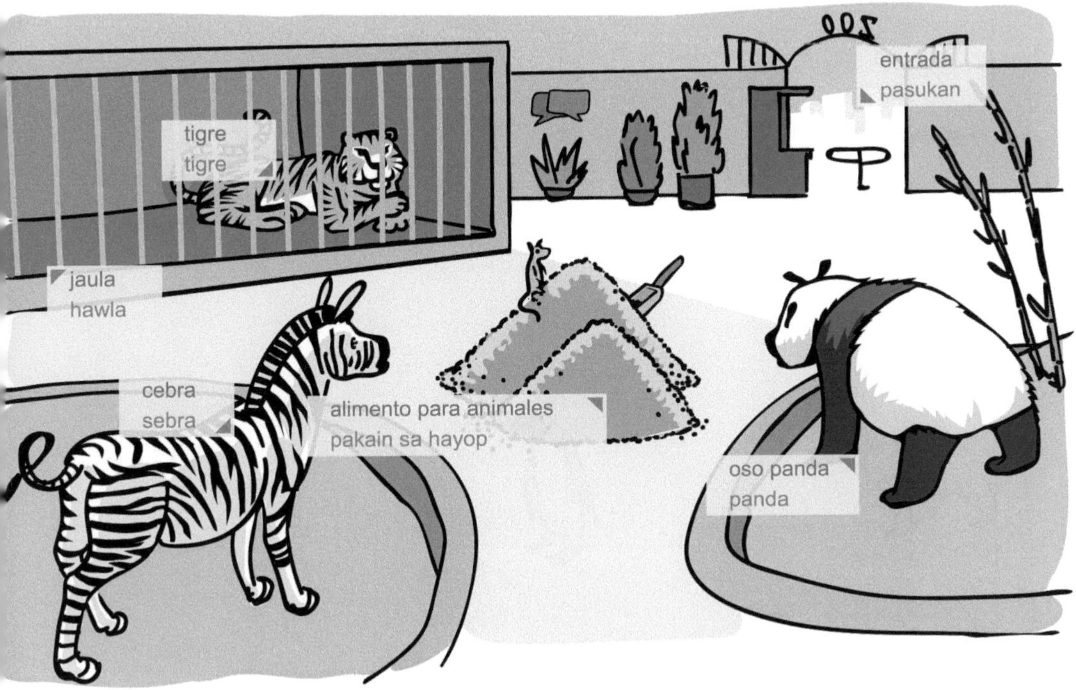

zoo
entrada
pasukan
tigre
tigre
jaula
hawla
cebra
sebra
alimento para animales
pakain sa hayop
oso panda
panda

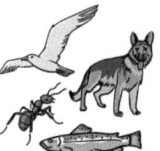

animales

mga hayop

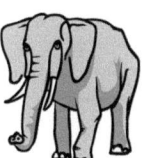

elefante

elepante

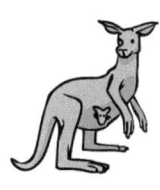

canguro

kanggaro

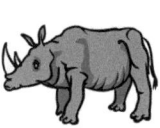

rinoceronte

rhino

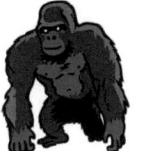

gorila

gorilya

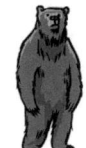

oso

oso

camello

kamelyo

avestruz

ostrich

león

leon

mono

unggoy

flamenco

flamingo

loro

loro

oso polar

polar bear

pingüino

penguin

tiburón

pating

pavo real

paboreal

serpiente

ahas

cocodrilo

buwaya

cuidador del zoológico

tagapag-alaga ng zoo

foca

seal

jaguar

jaguar

poni

buriko

leopardo

leopardo

hipopótamo

hipo

jirafa

dyirap

águila

agila

jabalí

bulugan

pescado

isda

tortuga

pagong

morsa

walrus

zorro

soro

gacela

gasel

fútbol americano
Amerikanong putbol

ciclismo
pamimisikleta

tenis
tennis

básquet
basketbol

natación
paglalangoy

boxeo
boksing

hockey sobre hielo
ice-hockey

fútbol
soccer

bádminton
badminton

atletismo
atletiks

handball
handball

esquí
skiing

polo
polo

reír
tumawa

saltar
tumalon

abrazar
yakapin

caminar
lumakad

cantar
kumanta

soñar
mangarap

rezar
magdasal

besar
halikan

escribir
sumulat

dibujar
gumuhit

mostrar
ipakita

presionar
itulak

dar
magbigay

tomar
kunin

tener
magkaroon

hacer
gawin

ser
maging

estar parado
tumayo

correr
tumakbo

tirar
hilahin

tirar
itapon

caer
malaglag

estar acostado
mahiga

esperar
hintayin

llevar
dalhin

estar sentado
umupo

vestirse
magbihis

dormir
matulog

despertar
gumising

mirar
tumingin

llorar
umiyak

acariciar
estilo

peinar
magsuklay

hablar
magsalita

entender
intindihin

preguntar
magtanong

escuchar
makinig

beber
uminom

comer
kumain

ordenar
linisin

amar
mahal

cocinar
magluto

manejar
magmaneho

volar
lumipad

navegar

maglayag

calcular

kalkulahin

leer

basahin

aprender

matuto

trabajar

trabaho

casarse

pakasalan

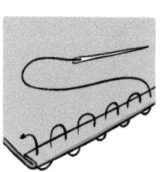

coser

tahiin

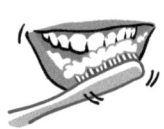

cepillarse los dientes

magsipilyo ng ngipin

matar

patayin

fumar

manigarilyo

enviar

magpadala

actividades - mga aktibidad

familia
pamilya

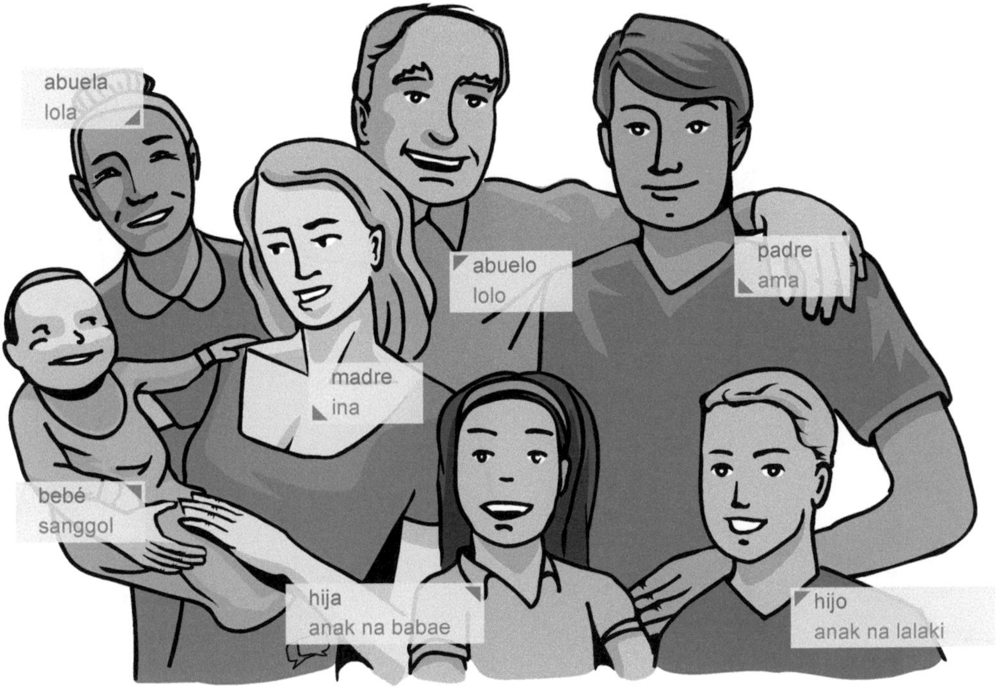
abuela
lola
abuelo
lolo
padre
ama
madre
ina
bebé
sanggol
hija
anak na babae
hijo
anak na lalaki

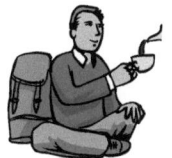

invitado

panauhin

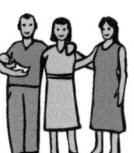

tía

tiya

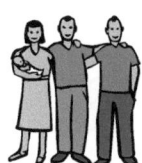

tío

tiyo

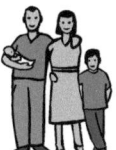

hermano

kuya

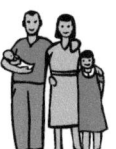

hermana

ate

cuerpo
katawan

frente
noo
ojo
mata
cara
mukha
pera
baba
pecho
suso
dedo
daliri
mano
kamay
brazo
bisig
hombro
balikat
pierna
binti

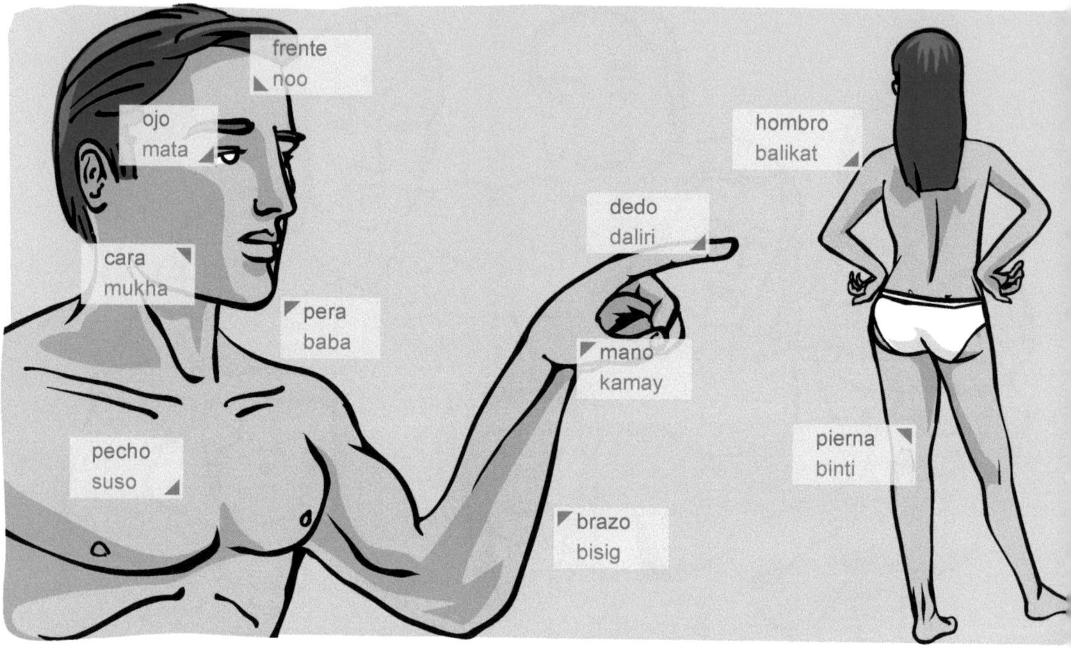

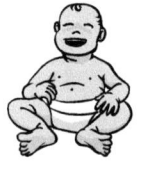

bebé

sanggol

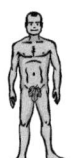

hombre

lalaki

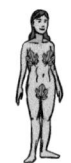

mujer

babae

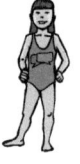

nena

batang babae

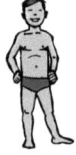

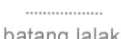

nene

batang lalaki

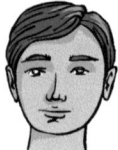

cabeza

ulo

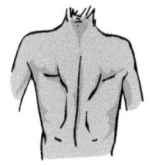

espalda

likod

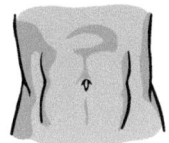

panza

tiyan

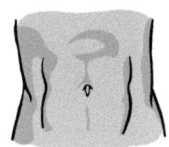

ombligo

pusod

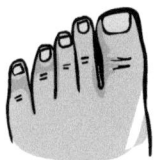

dedo del pie

daliri ng paa

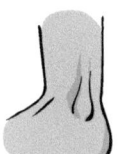

talón

takong

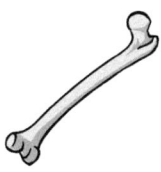

hueso

buto

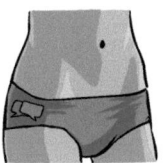

cadera

balakang

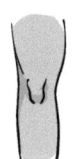

rodilla

tuhod

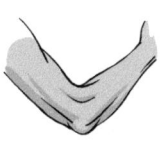

codo

siko

nariz

ilong

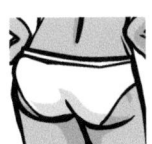

cola

gitna

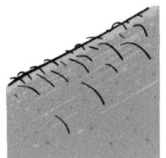

piel

balat

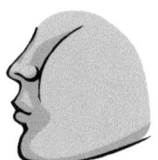

cachete

pisngi

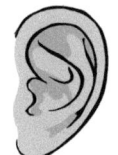

oreja

tainga

labio

labi

boca

bibig

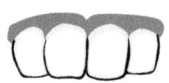

diente

ngipin

lengua

dila

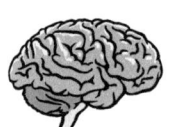

cerebro

utak

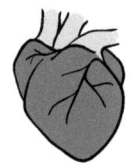

corazón

puso

músculo

kalamnan

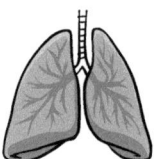

pulmón

baga

hígado

atay

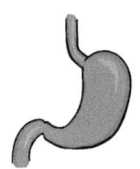

estómago

sikmura

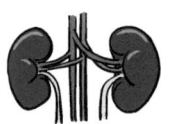

riñones

mga bato

sexo

pagtatalik

preservativo

kondom

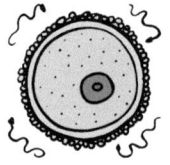

óvulo

obyum

semen

semen

embarazo

pagbubuntis

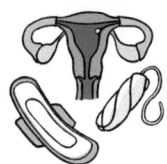

menstruación

pagreregla

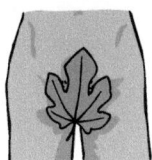

vagina

vagina

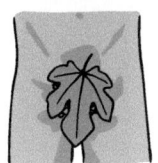

pene

ari ng lalaki

ceja

kilay

pelo

buhok

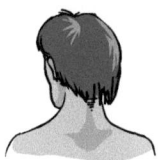

cuello

leeg

hospital
ospital

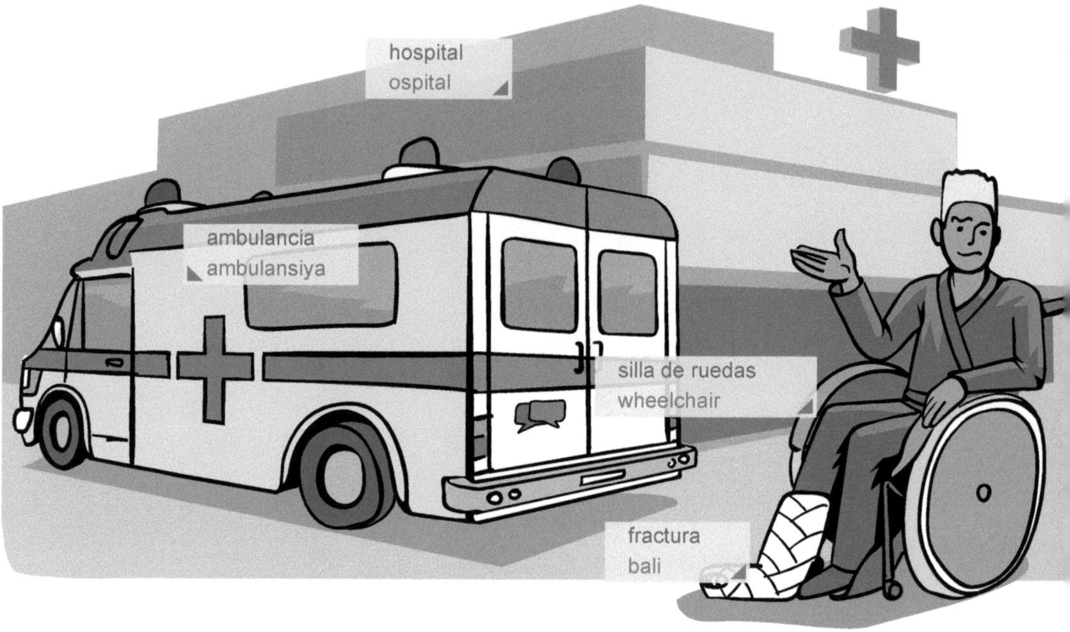

hospital
ospital
ambulancia
ambulansiya
silla de ruedas
wheelchair
fractura
bali

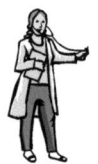

médico

doktor

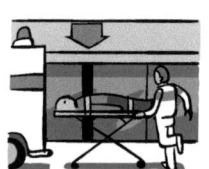

sala de guardia

silid pang-emergency

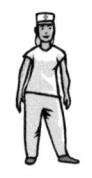

enfermera

nars

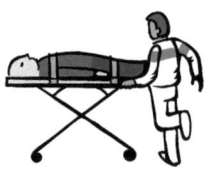

emergencia

emerhensiya

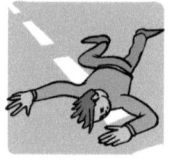

inconsciente

walang malay

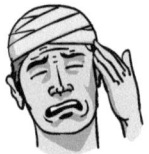

dolor

pananakit

lesión
pinsala

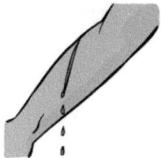

hemorragia
nagdurugo

infarto
atake sa puso

ACV
atake serebral

alergia
alerdye

tos
ubo

fiebre
lagnat

gripe
trangkaso

diarrea
pagdudumi

dolor de cabeza
sakit ng ulo

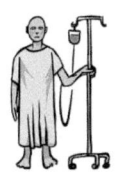

cáncer
kanser

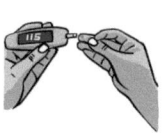

diabetes
diyabetis

cirujano
siruhano

bisturí
iskalpel

operación
operasyon

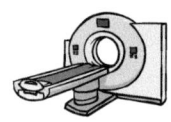

TC
CT

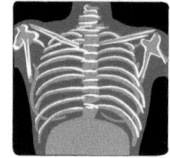

rayos x
x-ray

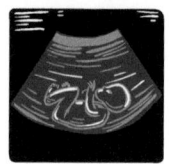

ecografía
ultrasound

barbijo
maskara sa mukha

enfermedad
sakit

sala de espera
silid-antayan

muleta
saklay

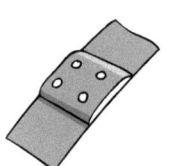

curita
plaster

venda
benda

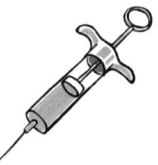

inyección
iniksyon

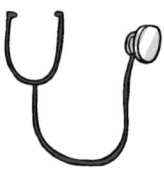

estetoscopio
istetoskopyo

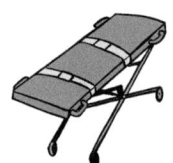

camilla
estretser

termómetro
klinikal na termometro

nacimiento
pagsilang

sobrepeso
labis sa timbang

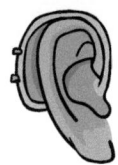

audífono

hearing-aid

desinfectante

pang-disimpekta

infección

impeksyon

virus

bayrus

VIH / SIDA

HIV / AIDS

remedio

medisina

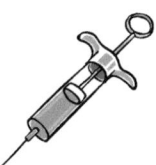

vacunación

bakuna

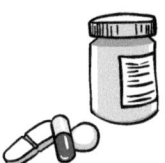

comprimidos

mga tableta

pastilla anticonceptiva

tabletas

llamada de emergencia

emergency na tawag

tensiómetro

pagmamatyag sa presyon
ng dugo

enfermo / sano

may sakit / malusog

hospital - ospital

¡Ayuda! Tulong!	 alarma alarma	 agresión asulto
 ataque atake	 peligro panganib	 salida de emergencia labasang pang-emergency
¡Fuego! Sunog!	 matafuego fire extinguisher	 accidente aksidente
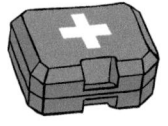 botiquín de primeros auxilios kagamitan sa paunang lunas	 SOS SOS	 policía pulis

Europa
Europa

América del Norte
Hilagang Amerika

América del Sur
Timog Amerika

África
. Aprika

Asia
Asya

Australia
Australia

Atlántico
Atlantika

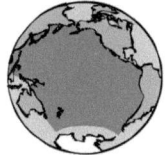

Pacífico
Pasipiko

Océano Índico
Dagat Indiano

Océano Antártico
Dagat Antarktika

Océano Ártico
Dapat Arktika

polo norte
Hilagang polo

polo sur

Timog polo

Antártida

Antartika

Tierra

mundo

tierra

lupa

mar

dagat

isla

isla

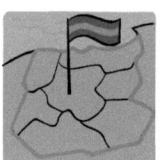

nación

bansa

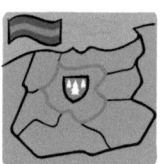

estado

estado

esfera

mukha ng orasan

manecilla de las horas

orasang kamay

minutero

minutong kamay

segundero

segundong kamay

¿Qué hora es?

Anong oras na?

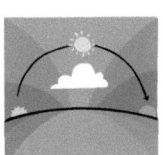

día

araw

hora

oras

ahora

ngayon

reloj digital

digital na relo

minuto

minuto

hora

oras

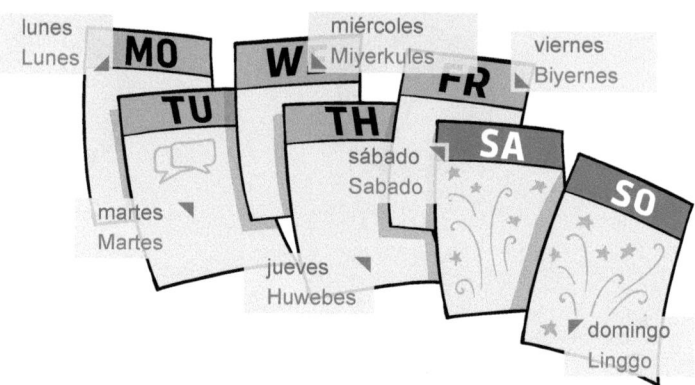

lunes
Lunes

miércoles
Miyerkules

viernes
Biyernes

martes
Martes

sábado
Sabado

jueves
Huwebes

domingo
Linggo

ayer
....
kahapon

hoy
....
ngayon

mañana
....
bukas

mañana
....
umaga

mediodía
....
tanghali

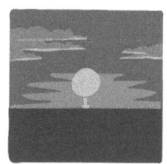

tarde
....
gabi

días hábiles
....
mga araw ng negosyo

fin de semana
....
katapusan ng linggo

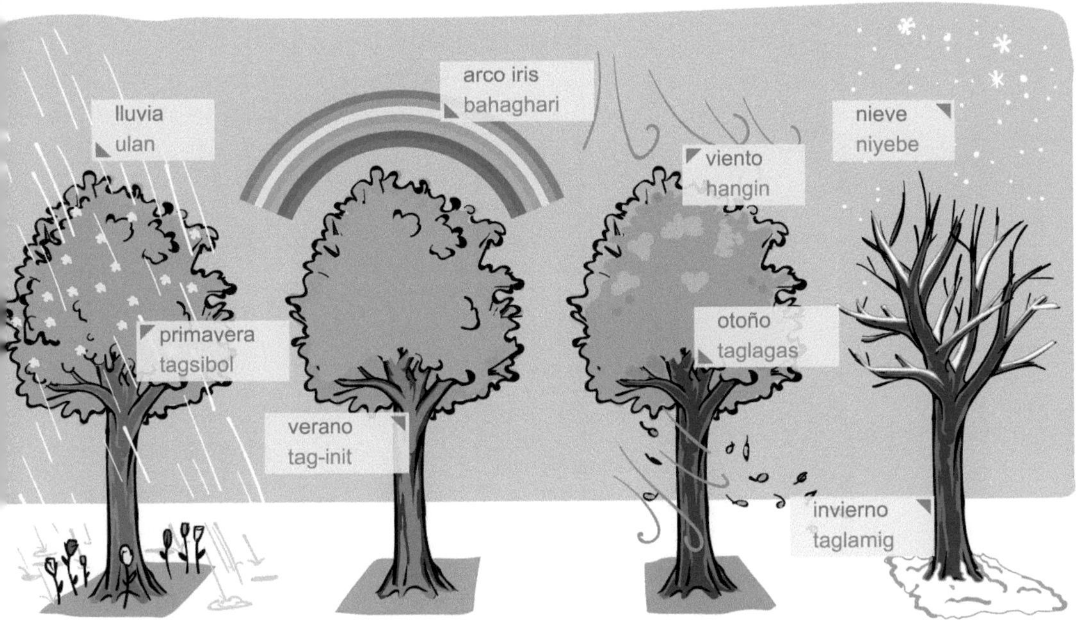
arco iris
bahaghari
lluvia
ulan
nieve
niyebe
viento
hangin
primavera
tagsibol
otoño
taglagas
verano
tag-init
invierno
taglamig

4.APRIL 11°
5.APRIL 4°
6.APRIL 13°
7.APRIL 8°
8.APRIL 10°

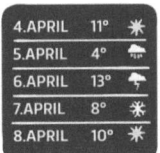

pronóstico meteorológico

lagay ng panahon

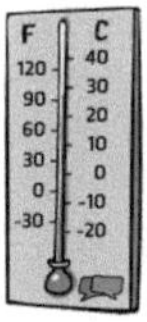
F C
120 40
90 30
60 20
30 10
0 0
-30 -10
-20

termómetro

termometro

luz del sol

sikat ng araw

nube

ulap

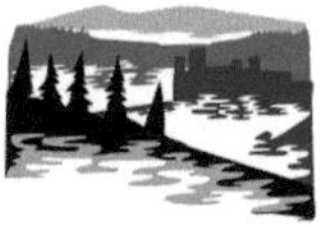

niebla

hamog

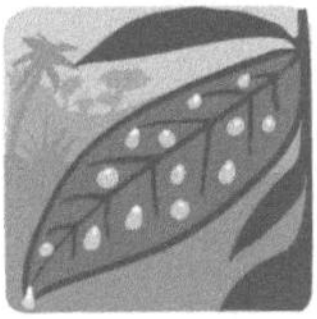

humedad

kahalumigmigan

rayo

kidlat

trueno

kulog

tormenta

bagyo

granizo

may yelong ulan

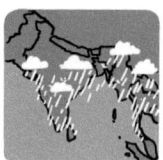

monzón

tag-ulan

inundación

pagkain

hielo

yelo

enero

Enero

febrero

Pebrero

marzo

Marso

abril

Abril

mayo

Mayo

junio

Hunyo

julio

Hulyo

agosto

Agosto

septiembre

Setyembre

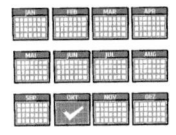

octubre

Oktubre

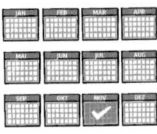

noviembre

Nobyembre

diciembre

Disyembre

formas

mga hugis

círculo

bilog

cuadrado

parisukat

rectángulo

rektanggulo

triángulo

tatsulok

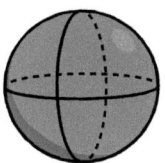

esfera

pabilog

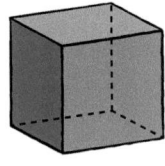

cubo

kyub

blanco

puti

amarillo

dilaw

naranja

kahel

rosa

rosas

rojo

pula

violeta

ube

azul

asul

verde

berde

marrón

brown

gris

grey

negro

itim

mucho / poco

marami / kakaunti

enojado / tranquilo

takot / kalmado

lindo / feo

maganda / pangit

principio / fin

simula / katapusan

grande / chico

malaki / maliit

claro / oscuro

matingkad / madilim

hermano / hermana

kuya / ate

limpio / sucio

malinis / madumi

completo / incompleto

kumpleto / kulang

día / noche

araw / gabi

muerto / vivo

patay / buhay

ancho / angosto

malawak / makipot

comestible / no comestible

....

nakakain / hindi nakakain

malo / amable

....

masama / mabuti

entusiasmado / aburrido

....

nakakatuwa / nakakainip

gordo / flaco

....

mataba / payat

primero / último

....

una / huli

amigo / enemigo

....

kaibigan / kaaway

lleno / vacío

....

puno / walang laman

duro / blando

....

matigas / malambot

pesado / liviano

....

mabigat / magaan

hambre / sed

....

gutom / uhaw

enfermo / sano

....

may sakit / malusog

ilegal / legal

....

ilegal / legal

inteligente / estúpido

....

matalino / tanga

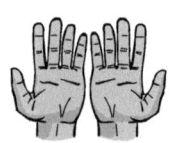

izquierda / derecha

....

kaliwa / kanan

cerca / lejos

....

malapit / malayo

opuestos - magkasalungat

nuevo / usado

bago / gamit na

nada / algo

wala / mayroon

viejo / joven

matanda / bata

encendido / apagado

naka-on / naka-off

abierto / cerrado

bukas / sarado

silencioso / ruidoso

tahimik / maingay

rico / pobre

mayaman / mahirap

correcto / incorrecto

tama / mali

áspero / suave

magaspang / makinis

triste / contento

malungkot / masaya

corto / largo

maikli / mahaba

lento / rápido

mabagal / mabilis

mojado / seco

basa / tuyo

caliente / frío

maligamgam / malamig

guerra / paz

digmaan / kapayapaan

opuestos - magkasalungat

0

cero

sero

1

uno

isa

2

dos

dalawa

3

tres

tatlo

4

cuatro

apat

5

cinco

lima

6

seis

anim

7

siete

pito

8

ocho

walo

9

nueve

siyam

10

diez

sampu

11

once

labing-isa

12

doce

labindalawa

13

trece

labintatlo

14

catorce

labing-apat

15

quince

labinlima

16

dieciséis

labing-anim

17

diecisiete

labimpito

18

dieciocho

labing-walo

19

diecinueve

labinsiyam

20

veinte

dalawampu

100

cien

daan

1.000

mil

libo

1.000.000

millón

milyon

inglés

Ingles

inglés americano

Amerikan na Ingles

chino mandarín

Tsinong Mandarin

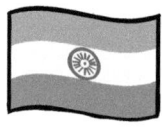

hindi

Hindi

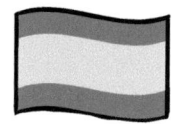

español

Espanyol

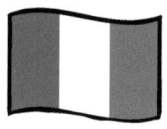

francés

Pranses

árabe

Arabe

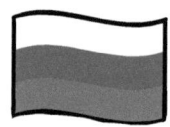

ruso

Ruso

portugués

Portuges

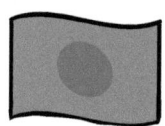

bengalí

Bengali

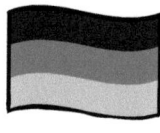

alemán

Aleman

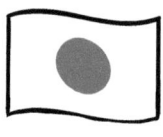

japonés

Hapon

yo

ako

vos

ikaw

él / ella

siya / siya / ito

nosotros

kami

ustedes

ikaw

ellos

sila

¿quién?

sino?

¿qué?

ano?

¿cómo?

paano?

¿dónde?

saan?

¿cuándo?

kailangan?

nombre

pangalan

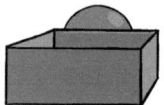

detrás

likuran

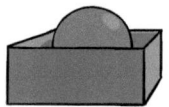

en

saan

adelante de

sa harap ng

por encima de

itaas

sobre

sa

debajo de

ilalim

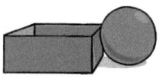

al lado de

katabi

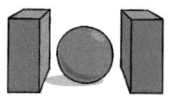

entre

pagitan

lugar

lugar